Werner Lindemann   Rolf Felix Müller

Ein Laubfrosch wandert

Edition Holz im Kinderbuchverlag Berlin

Der Laubfrosch
verläßt seine Sommerwohnung

Noch ehe die Sonne am Abendhimmel in den dunkeln Wolkensee taucht, ist der Frosch am Fuße des Wildbirnstammes angekommen. Vor einigen Jahrzehnten hat der Baum am schmalen, queckigen Ufer des kreisrunden Tümpels Wurzeln geschlagen. Das Wasserloch – von den Leuten des Landstriches auch Soll genannt – liegt auf einem langgestreckten Maisfeld. Neben der Wildbirne wuchern struppige Grauweiden und Schlehenbüsche, breitet ein Holunderstrauch seine schüssigen Triebe aus.

Seit Wochen haust der Laubfrosch im Wipfel des Wildbirnbaumes. Klebt mit den Haftscheiben der Hände, Beine und des Unterleibes an Zweigen und Blättern. Verzieht sich bei Regengüssen unter die Blätter.

2

Pappt sich obendrauf, wenn die Sonnenfinger zartwarm über die Baumkrone streicheln. Läßt sich schaukeln von launischen Winden. Sieht den gefürchteten Bleßrallen zu, die auf einer Binseninsel brüten, sieben Junge großziehn und den Laich schlappen, den er befruchtet hat. Beobachtet den Rotrückenwürger, der im Schlehenbusch Käfer, Eidechsen und Jungvögel auf die Dornen spießt, bevor er sie verschlingt. Liegt von früh bis spät auf der Lauer nach Beute:

Da setzt sich eine Florfliege auf ein Blatt. Der Frosch nimmt sie in den Blick. Die scharfen Augen erkennen jedes Glied, sehen das feinste Härchen. Unmerklich löst er die Haftscheiben seines Körpers vom

Blatt. Zieht den kurzen Kopf ein. Strafft die Muskeln der Beine, des Leibes. Richtet sich spannungsgeladen auf. Springt blitzschnell. Läßt die Zunge herausfahren. Schnappt zu. Landet auf einem anderen Blatt. Hält die Beute im Maul und verschluckt sie genußvoll.

Heute nun hat er seinen Sommerplatz verlassen, der Laubfrosch. Sprung – Sprung – Sprung – von Blatt zu Blatt, von Zweig zu Zweig abwärts. Ohne langes Rasten. In der vergangenen Nacht ist der feuchtkalte Herbstwind über den Birnbaum hergefallen. Hat gepfiffen, geschrien, gebrüllt, geheult. Hat Regen, vermischt mit daumenkuppengroßen Hagelkörnern, in die Krone geworfen. Blätter sind gestürzt, Äste gebrochen. Unterm Baum der Tümpel hat geklockert. Nur mit Mühe konnte sich der Laubfrosch an einem Zweig halten.

Sprung – Sprung – Sprung – mit wenigen Sätzen über herbstharte Grashalme und Schachtelhalmbäumchen hinweg ist der Frosch auf dem Maisacker; er spürt, welche Richtung er einschlagen muß.

Der Weg über den Maisacker

Die Sonne ist nun in die Wolke gesunken; der Wolkenrand glüht feurig. Feuchtkühl spült die Dämmerung über die Hügel hinweg.

Sprung – Sprung – Sprung – so treibt sich der Laubfrosch aus der Teichsenke über den abgeernteten Streifen des Maisfeldes. Hüpft auf betonharten Radspuren entlang. Über abgebrochene Maiskolben hinweg und an Blättern und Stengeln vorbei, die wie hingestreut daliegen. Die Erde riecht warm nach vergangenem Sommer.

Bald hat der Laubfrosch den Mais erreicht; wie ein undurchdringlicher Wald steht er vor ihm. Grün recken sich die Stengel mit den lanzenförmigen Blättern zum Abendhimmel. Der Frosch gönnt sich eine Ruhepause. Er atmet hastig. Die kräftigen Sprünge strengen an.

Da nähert sich Motorengeräusch. Den ganzen Tag schon hat er es gehört, mal fern, mal näher, aber nie so nah wie jetzt. Mit dem Maschinenlärm malmen schwarze Räder heran. Die Erde zittert. Die Luft dröhnt. Schneidemesser hicheln. Mit hetzigen Flüchten rettet sich der Frosch in eine Erdritze. Dort hockt er, bis die Maschinen vorübergerollt sind:

ein Traktor, der den Häcksler zieht, ein Traktor, der den Korbhänger schleppt, auf den der kleingehackte Mais geblasen wird. Hinter den Fahrzeugen her schleift eine Wolke aus Auspuffgas.

Sprung – Sprung – Sprung – der Laubfrosch hüpft durch die graue Dämmerung. Strebt dem Pappelstamm entgegen, der wie eine Säule am Feldweg aufragt.

Der Laubfrosch findet sein Winterlager

Der Steinhaufen unter der Schwarzpappel. Verwittert und grau, stellenweise bemoost ruhn die Granittrümmer und Feuersteinstücke am Fuße des Baumes. Vom Rande her wächst der Hügel allmählich zu mit Quecken und Mäusegerste. Vor Jahren haben die Treckerfahrer die Felstrümmer hier abgekippt. Wo sonst hin mit den Klamotten von den Äckern? An der Pappel stören sie keinen mehr. Und ob die Pappel sich daran stört, wird nicht gefragt.

Der Laubfrosch erklettert mühsam den Feldsteinberg und hockt sich auf einen Granitbrocken, rund wie ein Katzenkopf. Der Frosch pumpt sich voll mit der feuchtfrischen Luft des Oktoberabends. Linst in die diesige Dunkelheit. Genießt die tiefe Stille. Blickt einzelnen Pappelblättern nach, die schnell wie Pfeile schräg aus der Baumkrone stürzen. Sieht den ersten Stern aufblinken am Himmelsbogen.

Im Laufe des Tages hat der Frosch seine Hautfarbe gewechselt: schwärzlich, gelblich, grau. Nun hat sich der leuchtendgrüne Glanz des Rückens in ein Lehmbraun verwandelt.

Der Laubfrosch schiebt den Kopf in eine schmale Spalte zwischen zwei Granitbrocken. Langsam. Auf ihn wartet nicht mehr als ein schwarzer Fleck Erde, auf dem er schlafen wird. Müde tastet er der dumpfen, feuchten Finsternis entgegen, die unter dem Gesteinsberg steht. Stößt endlich auf weiche, krumige Erde. Schaufelt mit den Händen eine winzige Kuhle und bettet sich hinein.

Hier wird der Laubfrosch seine Wintertage verträumen.

Der Frosch träumt
einen wunderbaren Traum

Am Ufer des Tümpels, auf einem langen, eiförmigen Blatt des Meerrettichs klebt er. Rührt sich nicht; wer sich viel bewegt, verrät sich dem Feinde. Der Laubfrosch sonnt sich verschlafen. Läßt sich wiegen von den Luftzügen, die über den Acker gestrichen kommen.

Lange schon hat er das Weibchen entdeckt. Zunächst gluckte es auf dem Ende des morschen Astes, der am Fuße eines Weidenstrauches aus dem Wasser ragt. Von dort ist es auf das Lilienblatt gehopst, auf dem es nun wie erstarrt hängt. Der waagrechte Augenstern glänzt. Lindgrün strahlt der Rücken in der Sonne.

Mehrmals schon wollte der Laubfrosch springen, das steile Ufer hinunter, ins Wasser. Wollte in die Drehe des Weibchens schwimmen. Aber er ist sitzen geblieben. Die Sonne ist warm; die Trägheit lähmt. Bald wird es dämmern. Dann wird es kühler.

Jetzt rührt sich das Weibchen. Es löst die Haftscheiben vom Lilienblatt. Schiebt sich auf dem weißen Unterleib eine Körperlänge vorwärts. Und dann – wie der Stein vom Katapultgummi getrieben – springt es. Der Wasserspiegel klirrt.

Abendstunde – Froschstunde.

Im Teich regen sich die Gefährten, fangen an zu singen. Lustvoll mischt sich der Laubfrosch in ihren Chor: Äpp... äpp... äpp... Dann hechtet auch er hinunter in das Reich der Fische und Molche. Schwimmt übermütig in die Nähe des Weibchens. Das taucht vor ihm weg. Er folgt ihm. Eine stürmische Jagd beginnt. Der Tümpel schlägt Wellen.

Das Wasser plätschert und plarrt. Das Weibchen ist eine wendige Schwimmerin. Aber er holt es immer wieder ein. Balgt mit ihm herum. Läßt es wieder los. Treibt lange Weilen mit ausgestreckten Armen und Beinen auf dem Wasser. Bläht die Kehlhaut zu einer leuchtenden Blase auf und schellt: Krack... krack... krack... Läßt sich vorbeitrudeln an Grasfröschen, Wasserfröschen, die nun ebenfalls ihr Abendkonzert angestimmt haben: Brekeke... brekeke... koax...

Die Nacht ist windstill, frisch. Der hohe Himmel spiegelt seine Sterne im Soll. Die Unken läuten, als wollten sie die Hochzeit aller Frösche bejubeln. Der Laubfrosch hat das Weibchen errungen. Er kauert auf dem Rücken der Eroberten, umklammert ihre Flanken. Welch eine Lust, von ihr getragen durch das Wasser zu treiben, ihren Leib zu pressen, sie anzuregen, Eier abzulegen.

In der Morgendämmerung endlich drückt das Weibchen an einer seichten Stelle des Teiches die ersten Laichklumpen zwischen die aufsprossenden Schilfspargel. Der Laubfrosch läßt die Umworbene fahren. Er hat jetzt Wichtigeres zu tun, als im Wasser herumzutollen; die Eier müssen befruchtet werden.

Das Frühlingserwachen

Ein Hauch linder Aprilluft sickert in den Feldsteinhaufen. Der Laubfrosch erwacht aus der Winterstarre. Er dehnt die klammen Glieder. Langsam tastet er sich von einem Stein zum anderen nach oben, angereizt von der wärmeren Luft.

Der erste Sonnenstrahl!

Der Laubfrosch schließt geblendet die Augen. Nach Sekunden öffnet er sie zaghaft wieder und äugt zum blauen Ozean Himmel hinauf. Dem Frosch wird wohlig warm. Arme und Beine gehorchen schon williger. Er zwängt sich zwischen scharfkantigen, kalten Feuersteinen hindurch und landet nach einem kurzen Hupfer auf einem Granitbrocken.

Die Sonne! Die milde Luft!

Der Frosch atmet tief, trinkt behaglich den lauen Wind, der ohne Modergeruch über die Haut streicht. Lauscht dem verhaltenen Rauschen der Pappelkrone. Blickt von seinem Steinturm auf die goldenen Blütenschalen des Kriechenden Hahnenfußes, der am Wege wuchert. Hört die Lerche, die sich jubelnd an ihrem Liede emporzieht.

Schreck!

Im Wipfel der Pappel landet der Kolkrabe: Rabb... rabb... rabb... Wie ein plumper schwarzer Kahn schaukelt der Vogel auf dem Pappelzweig. Der Laubfrosch schmiegt sich an den Granitstein, rührt keinen Muskel mehr. Bis sich der schwere Vogel wieder in den Wind wirft.

Dem Laubfrosch ist zum Zerplatzen wohl. Seine Sprünge vom Steinhaufen sind kräftig, weit. Es zieht ihn zum Tümpel.

Der Laubfrosch
kehrt zum Tümpel zurück

Sprung – Sprung – Sprung – der Laubfrosch strebt über den taufrischen Acker. Auf den betonharten Radspuren des Vorjahres entlang. Über faulende Maiskolben hinweg. An darren, brüchigen Stengeln und Blättern vorbei, die der bissige Winter übriggelassen hat.

Der samtweiche Wind fönt die Erdkrumen trocken. Seine Schwester, die lächelnde Sonne, leckt die letzten Tropfen Wasser aus Erdspalten und Kuhlen. Stupst an Knospen und Keimen herum: Aufwachen! – Aufwachen! – Der Frühling zieht über die Hügel!

Der Laubfrosch erreicht schnell die Senke auf dem Feld; gleich muß er am Tümpel sein. Erregt hüpft er auf sperrige Reisighaufen zu; abgeholzte Weidenbüsche und Schlehensträucher. Unweit des aufgeschichteten Buschwerks der Wildbirnbaum, auf den Acker gekippt, akkurat in Meterstücke zersägt. Gelbweiß leuchtet die Stubbenscheibe, daneben das Häufchen Sägespäne.

Der Laubfrosch umspringt die Strauchberge, die zum Verbrennen zusammengetragen worden sind. Wo der Teich seine Wellen geschlagen hat, breitet sich frischbraune Erde aus, planiert und durchspurt von Abdrücken schwerer Raupenketten und Treckerreifen.

Der Frosch treibt unruhig über die Aufschüttung, ein paar Sprünge in diese, ein paar Sätze in jene Richtung.

Was tun? Wohin jetzt?

Ziellos irrt er auf dem Felde entlang. Dann – ein Erdwall. Der Frosch rastet einen Augenblick. Springt den Damm hinauf. Landet auf halber Höhe. Rutscht wieder abwärts mit krümelnden Erdbrocken. Hüpft noch einmal. Krallt sich mit Händen und Beinen im Lehm fest. Kraxelt mühselig weiter. Kommt zwei Schritte vorwärts, gleitet einen zurück. Erreicht endlich den Grat des Dammes. Der graue, kieselige Sand kommt ins Rieseln. Mit einer kleinen Lawine schisselt der Frosch abwärts in einen tiefen, schnurgeraden Graben.

Der scheint kein Ende zu haben. Und die Sonne brennt. Und an der Grabensohle kühlt kein Lüftchen. Von weit, weit her, aus einem anderen Tümpel schallen die Schreie seiner Artgenossen.

ISBN 3-358-00514-3

2. Auflage 1986
© DER KINDERBUCHVERLAG BERLIN – DDR 1984
Illustrationen von Rolf Felix Müller
Lizenz-Nr. 304-270/227/86-(40)
Gesamtherstellung: Grafischer Großbetrieb Sachsendruck Plauen
LSV 7527
Bestell-Nr. 632 022 9
00580